UNE NUIT MAGIQUE AVEC PÈRE NOËL

MON P'TIT HEMMA

Le soir tombe sur le pôle Nord. Père Noël et Fripon, le petit lutin, sont installés confortablement dans le traîneau rouge rempli de jouets et de cadeaux. Les rennes s'élancent dans la nuit étoilée.
Ho, ho, ho... c'est parti pour une nuit magique pleine de surprises !

As-tu trouvé tous les bonnets des animaux ?
Complète la scène en collant les stickers à la bonne place !

Premier arrêt : la forêt des grands pins, d'où s'élèvent des rires et des chansons ! Dans la clairière, lapin, écureuils, raton laveur et souris font la fête autour d'un feu qui crépite. Le père Noël, aidé de Fripon, distribue à chacun des présents et des bonbons.

Merci, merci, père Noël !

De quelle couleur est le traîneau ?

Au clair de lune, le traîneau glisse jusqu'à l'étang gelé. Sous le regard étonné de la famille grenouille, deux écureuils patinent. Ils pirouettent et font des petits sauts sur la glace. Bravo ! s'écrie le Père Noël en riant, quel beau spectacle ! Fripon applaudit et dépose dans la neige des cadeaux de toutes les couleurs !

COMPTE
LES GRENOUILLES.

Les rennes arrêtent le traîneau devant une jolie maison tout illuminée.
Bouli, le bonhomme de neige, est ravi de les accueillir.
Bienvenue chez Léo et Lily, chuchote Bouli, les petits se sont endormis.
Chut, pas de bruit !
Le père Noël lui offre une écharpe toute douce avec des étoiles
et un nouveau bonnet.

20H
SPECTACLE

DANS LE SALON JOLIMENT DÉCORÉ, PÈRE NOËL ET FRIPON FONT UNE PETITE PAUSE EN DÉGUSTANT DES BISCUITS À LA CANNELLE QUE LES ENFANTS ONT PRÉPARÉS. J'ADORE LA MAGIE DE NOËL, DÉCLARE LE LUTIN EN AVALANT GOULÛMENT TROIS DÉLICIEUX GÂTEAUX. APRÈS AVOIR DÉPOSÉ UNE MULTITUDE DE CADEAUX SOUS LE SAPIN, ILS S'ÉCLIPSENT SUR LA POINTE DES PIEDS POUR CONTINUER LA TOURNÉE.

DE QUELLE COULEUR EST LA GUITARE ?

PROCHAINE HALTE : LA FERME DES POMMIERS !
DANS L'ÉTABLE, TOUS LES ANIMAUX SE SONT RETROUVÉS POUR FÊTER NOËL.
CE SOIR, ILS SE SONT ENDORMIS, SERRÉS LES UNS CONTRE LES AUTRES,
EN RÊVANT DES PRÉSENTS QU'ILS ONT DEMANDÉS AU PÈRE NOËL.
MAIS LE PÈRE NOËL EST UN PEU FARCEUR ! EN PLUS DES CADEAUX, IL LES COIFFE TOUS
D'UN JOLI BONNET ROUGE ET BLANC, TANDIS QUE FRIPON PREND UNE PHOTO DE LA SCÈNE
EN RIANT.

IMITE LE CRI
DU MOUTON !

Toute la nuit, le traîneau a sillonné les paysages enneigés, les montagnes et les vallées, les grandes villes et les petits hameaux, apportant à chacun de merveilleux cadeaux.

Le jour pointe le bout de son nez, il est l'heure de rentrer pour un repos bien mérité. Fripon a des étoiles plein les yeux.

Cette nuit avec le Père Noël, c'était trop magique !

As-tu trouvé
le bonnet du Père Noël ?

PÈRE NOËL ET FRIPON ONT PASSÉ UNE NUIT MAGIQUE.
OBSERVE CES PHOTOS ! À QUEL MOMENT ONT-ELLES ÉTÉ PRISES ?